SOUVENIRS DE LAMBRY.

METZ. TYPOGRAPHIE DE S. LAMORT.

SOUVENIRS DE LAMBRY.

RÉCIT DE SA VIE ET DE SA MORT.

DESCRIPTION DE SES FUNERAILLES.

DISCOURS

PRONONCÉS

SUR LA PLACE DE LA RÉPUBLIQUE ET AU CIMETIÈRE DE L'EST.

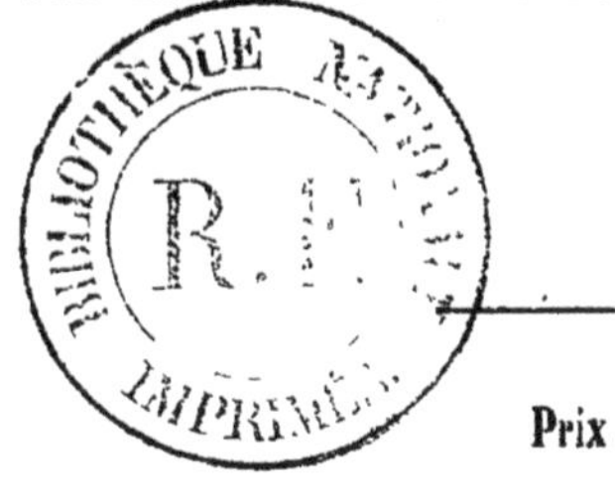

Prix : 20 centimes.

À METZ,

SE VEND CHEZ TOUS LES PRINCIPAUX LIBRAIRES.

JANVIER 1849.

AVANT-PROPOS.

Lambry n'est plus, mais ses amis ont voulu perpétuer sa mémoire en livrant à l'impression les discours prononcés sur sa tombe. Ces paroles d'adieu, où se reflètent les sympathies les plus ardentes pour la vie et les regrets les plus sincères sur la mort de ce noble martyr, seront une protestation ineffaçable contre les perfides calomnies et les inqualifiables poursuites dont il a été victime. C'est en vain que le prélat de Metz, contrairement à des habitudes constatées par de nombreux exemples, a cru devoir refuser opiniâtrement au défunt les honneurs de l'église, la solennité imposante de ces funérailles a prouvé heureusement, que les sentiments religieux ont cessé d'être le monopole des gens de sacristie. Les autorités de la ville, la garde nationale, les corps d'ouvriers, le Cercle Républicain, une foule immense de toutes les classes de la société, en un mot, tous les éléments de force, d'ordre et d'intelligence s'étaient groupés autour de ce cercueil, comme pour le protéger contre d'iniques anathèmes. C'est ainsi que tout ministère qui, pour se rendre indispensable, abuse de son autorité morale, finit par devenir complètement superflu.

COMPTE-RENDU

DU COURRIER DE LA MOSELLE

DU MARDI 19 DÉCEMBRE 1848.

Samedi dernier, notre malheureux ami Lambry a été conduit à sa dernière demeure par un innombrable cortège de citoyens, qui tous l'estimaient et le regrettent.

Dans cette triste journée, les patriotes, en se rencontrant, se serraient la main silencieusement : ils semblaient mener plus que le deuil d'un homme.

Le clergé, bien qu'il n'ait jamais refusé l'argent de ses antagonistes, a refusé de joindre ses prières à nos larmes. Après la funèbre cérémonie si nous avions eu à implorer du ciel miséricorde et pitié, ce n'aurait pas été pour la triste victime de nos discordes politiques, mais bien pour des prêtres implacables, au cœur égoïste et froid.

Nous avons entendu blâmer amèrement l'acte de désespoir par lequel Lambry s'est arraché violemment à ses liaisons les plus chères.

Ce blâme peut paraître spécieux, envisagé d'un certain point de vue. Pour notre part, nous dirons ceci :

C'est que Lambry croyait, comme Fénélon, que la patrie, dans nos affections, doit prendre le pas sur la famille, comme l'individu doit préférer sa famille à lui-même. Lambry a cru que la patrie avait subi une honte : fils dévoué, il n'a pu survivre à la honte de sa mère.

Certes, nous ne voulons pas l'excuser d'avoir cédé à un trop prompt mouvement de désespoir. Mais Rome n'honora-t-elle pas Caton d'Utique ? Serons-nous plus ingrats que des payens ?

Prodiguerons-nous l'outrage à ces mânes généreuses, parce qu'elles ont pris trop tôt leur essor vers des mondes meilleurs ?

Pour avoir compris différemment le devoir, en faut-il moins considérer cette mort comme le digne corollaire d'une vie consacrée tout entière au peuple, à la République ?

On avait craint quelques instants que le public ne se portât à des violences contre ceux qui avaient refusé les derniers honneurs au défunt. Pour ôter tout prétexte au scandale, le convoi s'est dirigé par les rues du Neufbourg, de la Fontaine et Serpenoise, vers la place de la République. On évitait ainsi l'église dont les portes étaient fermées, et l'évêché qui en retenait les clefs.

Nos ouvriers, qui sentaient vivement la perte qu'ils venaient de faire, se sont disputé l'honneur de porter à bras le corps du défunt, qu'une compagnie de troupes de' ligne escortait.

Le Préfet de la Moselle, le Maire de Metz, le Général commandant la Garde nationale, une légion de cette garde et plusieurs pelotons d'artilleurs, les réfugiés polonais avec leur drapeau, les membres de l'association ouvrière également avec un drapeau, des membres, en grand nombre, du Conseil municipal, de l'Académie, de la magistrature, de l'armée, se trouvaient réunis autour de ce cercueil, et l'entouraient d'une commune douleur.

Arrivé au pied de l'arbre de la liberté, auquel un long crêpe était attaché, le cortège s'est pressé autour d'une tribune improvisée, d'où le citoyen Pistor a prononcé de chaleureuses paroles. Il a expliqué comment Lambry avait été fatalement entraîné à l'acte déplorable qui privait la cité d'un de ses citoyens les plus honorables. Puis il a fait un appel à la bienfaisance publique en faveur des quatre orphelins que cette mort a faits : cet appel sera entendu. L'engagement moral en a été pris sur le cercueil.

Après une quête [pour les pauvres, faite par des

officiers de la Garde nationale, le convoi s'est remis en marche pour le cimetière de l'Est.

Là, sur la tombe entr'ouverte, plusieurs citoyens, parmi lesquels nous citerons MM. Halley, Touchet, Ronfort et Girgois, se sont rendu les interprètes de la foule en adressant un dernier adieu au digne citoyen que la terre allait recouvrir.

DISCOURS

DU CITOYEN PISTOR,

PRONONCÉ

AU PIED DE L'ARBRE DE LA LIBERTÉ,

SUR LA PLACE DE LA RÉPUBLIQUE.

Dieu tout puissant ! source intarissable de bonté et de miséricorde ! ! nous venons au pied de cet arbre, qui est pour nous un symbole d'ordre, d'union et de liberté, improviser un autel, parce que les portes de l'église ont refusé le passage à la dépouille du meilleur de nos amis, du plus affectueux des pères et des époux, du plus intègre et du plus modeste de nos concitoyens.

Du haut de la voûte céleste, qui pour nous devient le plus beau des temples, daignez écouter notre prière. Au nom de cette ombre chérie, à nos yeux toujours l'expression la plus sublime de la générosité, nous appelons votre clémence divine, non-seulement sur tous nos amis, mais encore sur tous nos ennemis ; nous vous supplions, de rendre à ces derniers le bien contre le mal qu'ils nous ont fait, et nous couvrons de nos bénédictions tous ceux qui ont cru nous outrager ; nous désirons que toutes les haines s'effacent et que désormais sur le sol sacré de la France il n'y ait plus qu'une famille de frères. C'est par ces sentiments que nous croyons honorer la mémoire de celui dont les efforts constants tendaient au bonheur de tous les Français, de celui dont tous les actes et toutes les pensées s'inspiraient du plus pur sentiment de l'amour fraternel.

Et vous, mes amis, rappelez-vous qu'une de ses plus belles vertus, c'était la charité. Quoique nous ne soyons pas ici dans l'intérieur d'une église, que les pauvres cependant ne soient pas oubliés dans cette circonstance *.

Citoyens de toutes les opinions sincères, venez rendre un dernier hommage de reconnaissance aux intentions de Lambry. Après avoir repoussé avec l'austérité héroïque d'un martyr les séductions des honneurs et de la fortune, pour ne vivre que de privations et de sacrifices, le voilà réduit en poussière, usé par le travail, la fatigue, par l'agitation continuelle de l'intelligence, par les contrariétés et les mortifications sans nombre qui fondaient sur lui comme la grêle chassée par la tempête.

Vous savez, citoyens, que dans les moments de crise et d'effervescence, où l'exaltation des convictions contraires pouvaient faire craindre aux esprits timorés des atteintes à la liberté ou à la sécurité individuelles, sa parole était toujours celle d'un ami conciliant, dé-

---

* A l'instant même plusieurs personnes se mettent en devoir de faire une quête au profit des indigents, qui a provoqué des dons considérables.

cidé à protéger ses adversaires politiques, en les couvrant de l'égide de l'amour fraternel, en proclamant l'oubli du passé et le pardon généreux des torts qu'il aurait pu avoir à venger. Aux époques de découragement et d'indifférence, au contraire, ses exhortations chaleureuses alimentaient le courage patriotique, ranimaient la foi et faisaient naître partout les délicieux pressentiments d'un meilleur avenir. Ah ! si Lambry, malgré sa répugnance irrésistible pour les titres et les grandeurs, malgré sa modestie continuelle, avait été par un événement politique élevé au pinacle du pouvoir, il aurait protégé, vous en avez la ferme persuasion, vos personnes et vos biens ; sa main aurait toujours été ouverte charitablement aux pauvres et aux orphelins. Venez donc à votre tour protéger sa mémoire, dites avec moi que sa vie entière a été pure et sans tache, dites qu'il n'est point évangélique de donner une fâcheuse interprétation au mystère de sa mort. Que celui qui se croit sans faute et sans faiblesse lui jette la pierre, mais que ceux qui ont quelque chose à se faire pardonner s'humilient devant sa tombe ! Dieu seul, qui voit le fond de toutes les choses, est compétent pour juger son trépas.

Permettez-moi, citoyens, de soulever un coin de ce linceul, non pas à titre de reproche ou de plainte, mais pour vous faire connaître les motifs et les excuses de cette mort si regrettable. Lambry se croyait autorisé par les événements à compter sur la réalisation de ses idées. Ces idées, suivant nous, constituent des *espérances légitimes ;* ses adversaires les ont qualifiées *d'illusions honnêtes* ou de *rêves de bienveillante phi-*

lantropie. Quel que soit le point de vue où l'on se place, tout le monde doit reconnaître qu'il n'a cherché que des choses *sincères* et *désintéressées.* Voici en peu de mots le tableau de ses espérances ou, comme disent d'autres, de ses erreurs :

Il voulait la grandeur, la gloire et la prospérité de son pays; l'union affectueuse et la concorde entre tous les citoyens; il cherchait l'augmentation du bien-être matériel par l'économie dans toutes les branches de l'administration, par la proportionalité sérieuse dans les charges publiques, par l'association libre et facultative entre le capital et le travail, il espérait surtout l'accroissement de la richesse nationale au moyen de traités opportuns, par la création de nouveaux débouchés pour le commerce, pour l'industrie et pour l'agriculture; il visait au bien-être intellectuel et moral du peuple par l'instruction publique et gratuite et par un meilleur système d'éducation nationale; il prévoyait une sainte alliance formée par diverses nationalités dans un but commun de progrès et de civilisation; il prétendait que le meilleur moyen d'établir le respect pour la loi et pour l'ordre, c'est de donner satisfaction aux intérêts légitimes; il se flattait ou il rêvait, si vous aimez mieux, que nous pourrions obtenir tous ces avantages par la voie pacifique du suffrage universel, précédé de la discussion générale et assis sur la liberté de la presse et la liberté d'association.

Je ne veux point ici faire le tableau de ses déceptions: accordez-moi seulement, qu'il y a des erreurs qui tuent, qu'il y a des réveils qui conduisent à la nuit des tombeaux. Lambry a souffert toutes les douleurs, toutes les misères de la France : au lieu de la concorde générale, il a vu la guerre civile. Tous les coups fratricides se dirigeaient contre sa poitrine. Il s'est vu méconnu par ceux mêmes dont il se croyait en droit d'attendre la protection. Peut-être dira-t-on que, malgré son état maladif, il aurait pu, avec plus de stoïcisme, prolonger son existence. Dites plutôt qu'il lui fallait plus d'indifférence et plus d'égoïsme; qu'il aurait dû posséder moins d'ardeur pour son idéal, moins de cette délicate susceptibilité devenue de plus en plus rare parmi nous : mais Lambry était un homme taillé tout d'une pièce : c'était le républicanisme incarné : il ne pouvait vivre que par le pacte de l'amour fraternel, il se mourait à chaque atteinte portée à ce principe. Il y a des malheurs, il y a des maux auxquels il n'est pas donné aux plus forts de résister, les faibles souvent les bravent, ou plutôt ils les subissent en transigeant avec le mal et en se transformant suivant ses exigences.

Lambry n'était point un politique *à la mode*, ce n'était point une girouette qui tourne au gré des vents, il n'était point comme un roseau qui plie et qui se redresse ; pour l'empêcher de rester debout, il fallait le briser.

Son âme était embrasée d'une sainte ferveur qui ne lui permettait point de transaction. A ces ardentes aspirations vers la liberté et l'indépendance, son corps était devenu une prison trop étroite ; aux élans irrésistibles d'enthousiasme et de patriotisme, sa constitution physique, affaiblie par les souffrances, était devenue une enveloppe trop fragile. Il n'avait vécu que pour la république : il devait périr du coup mortel que, suivant lui, elle venait de recevoir.

Citoyens de tous les partis et de toutes les opinions, ne quittez point cette dépouille chérie sans faire le vœu solennel de respecter toutes les convictions sincères ; et vous, ses anciens amis, qui étiez chaque jour les témoins de ses actes de bienfaisance, pensez à sa veuve et à ses pauvres enfants. Promettez-moi que vous [serez] les pères des quatre orphelins qu'a faits sa mort et que vous aurez soin de leurs personnes. Je ne descendrai de cette tribune que lorsque vous aurez pris cet engagement dicté par la reconnaissance. Et maintenant, adieu Lambry : que la forme périsse, l'intelligence ne périra pas.

Les vertus et les bonnes actions des hommes ne sont que des effluences de la pensée divine. Le foyer éternel de lumière et de vérité dont l'âme de notre ami était une des plus belles émanations, ne peut cesser de répandre ses bienfaits. Les aspirations républicaines sont comme les rayons du soleil : elles se raniment tous les jours d'un nouvel éclat. La destinée du monde social est pleine de grandeur et de majesté. L'égalité fraternelle, proclamée sur la croix par notre sauveur, est inscrite dans le livre de l'avenir : son succès est certain et son triomphe est un gage infaillible de bonheur et de prospérité générale !

DISCOURS

PRONONCÉS SUR LA TOMBE,

AU CIMETIÈRE DE L'EST.

Discours du Citoyen GIRGOIS.

MES AMIS ET MESSIEURS,

En voyant cet imposant cortège se presser dans le champ du repos et de l'égalité, en considérant le grand nombre de citoyens, de classes et de conditions si diverses qui suivent cette bière à son dernier asile, le voyageur qui passe demandera : « Quel grand personnage est donc mort ? » Si cet étranger s'approchait, il lirait une telle douleur sur tous les visages qu'il dirait : « Tous ces hommes ont donc perdu leur père aujourd'hui. » Et cependant, celui qui gît devant nous n'était point un grand de la terre, c'était un humble, un juste, un démocrate ; ce désespoir qui contracte nos traits n'est point causé par les liens du sang, mais bien par les affinités de l'âme. Oui, notre ami, notre père, ces citoyens qui entourent tes restes inanimés ne sont ici que pour rendre hommage à tes vertus, à tes nobles qualités. Beaucoup d'entr'eux ne t'ont qu'imparfaitement connu, nous allons donc essayer de tracer en quelques traits ton obscure mais si belle existence.

Jean-Jacques-Toussaint Lambry est né à St-Mihiel le 22 mars 1795. Il fut élevé au collége de Trèves et vint achever ses études au Lycée de Metz. Il était de cette belliqueuse jeunesse de l'empire, nourrie des traditions de la gloire, et de l'honneur, entrecoupant ses études des hauts faits de Sparte et de Rome par la lecture des fabuleux bulletins du César moderne ; aussi Lambry, à peine entré dans le monde, sentit qu'il devait payer sa dette à la France ; c'était en 1812. L'astre du grand empereur palissait. Le pays épuisé parvenait à peine à satisfaire aux terribles exigences du maître, et cependant il fallait des hommes. Lambry, sans fortune, trouve le moyen de s'équiper à ses frais, et il entre dans les gardes d'honneur. Il était à Leipzig, puis à la désastreuse retraite de 1813. Permettez-moi de vous retracer un épisode de cette mémorable campagne qui vous fera voir Lambry brave parmi les plus braves. Les événements avaient amené le corps des gardes-d'honneur dans les environs du terrain où se livrait la bataille de Hanau ; égaré dans un marais, il y perd son cheval, il se trouve isolé, perdu ; que faire ? Il entend le canon. « On se bat de ce côté, dit-il, j'y cours. » Et se guidant sur le bruit de l'artillerie, après plusieurs heures de marche, il arrive sur le champ de bataille et va droit se ranger dans les rangs des plus braves, dans les rangs de la

garde impériale ; il s'empare du fusil d'un grenadier
tué et prend sa place ; ces vieux guerriers d'airain
s'étonnent de l'audace de ce jeune homme de dix-huit
ans qui venait rivaliser avec eux, de bravoure et de
témérité. Mais il ne tardèrent pas à l'admirer, et sa
conduite fut si belle que le colonel du régiment dé-
tacha la croix de sa poitrine et la plaça sur le cœur
de Lambry aux acclamations de tous ces vieux sol-
dats, qui, cependant, étaient difficiles en fait de
bravoure.

Rentré dans la vie civile au licenciement de l'armée,
Lambry partageait son temps entre le travail qui lui
donnait le pain, quelques travaux littéraires et phi-
losophiques, et les généreuses préoccupations de la
propagande révolutionnaire et démocratique. Son
âme ardente, son cœur si dévoué en firent un des
plus infatigables champions de la cause de la liberté.
Sous la restauration il fut l'un des organisateurs des
ventes de la charbonnerie ; il donna une impulsion
nouvelle aux travaux de la loge maçonnique ; enfin
Lambry était de toutes les nobles entreprises qui
exigent le sacrifice et le dévouement, et, comme il
nous le disait souvent avec son admirable simplicité :
« Quand il y a du danger, comptez sur moi, je suis
là. » Mais ce qu'il ne disait pas, c'est qu'il n'était
jamais là quand il devait y avoir triomphe ou récompense.

Dans la vie privée, notre noble ami pouvait défier
toutes les existences les plus pures et les plus belles ;
nous qui avons pu sonder son âme, qui avons eu le
bonheur d'explorer tous les trésors d'amour et de

charité qu'elle contenait, nous osons dire que jamais homme ne fut plus digne que lui du regret de tous.

Adieu Lambry, daigne ta modestie me pardonner ; tu n'aimais pas la louange je le sais, mais écoute : ce n'est point de l'encens que je brûle à ta mémoire, je dis à tes fils en démocratie : « Voilà ce qu'il était, voilà ce que vous devez être ! »

Discours du Citoyen KWIATKOWSKI, réfugié polonais.

CITOYENS ,

Aux chaleureuses paroles qui n'ont pu d'ailleurs qu'effleurer les différents titres à l'estime sans égale dont se trouve entouré notre excellent ami, permettez à son ancien co-travailleur, à son protégé, à son ami politique, à un proscrit, de joindre sa faible voix, pour accomplir un devoir sacré, le devoir qu'impose la reconnaissance ; sa reconnaissance personnelle est celle d'un peuple tout entier qui, quoique brisé, n'est pas anéanti, et qui a été l'objet des plus chères préoccupations de celui dont nous déplorons la perte.

O cher Lambry ! le souvenir de ta bonne amitié, de ta bienveillance ne s'effacera jamais de la mémoire de tes camarades. Tes amis politiques se rappelleront toujours qu'ils avaient en toi un chef sûr, plein de dévoûment et de prudence, de fermeté et de conciliation. Le proscrit n'oubliera jamais que, lorsque son frère tombé sous une balle prussienne, lui-même jeté dans les cachots, d'où vainement il tournait les regards vers ses deux patries, sans l'espoir d'en pouvoir atteindre aucune ; il était tranquille, car tu veillais sur sa veuve et ses orphelins. Il n'oubliera jamais que chaque coup porté à la malheureuse Pologne, faisait saigner ton cœur ; que chaque rayon d'espoir réchauffé dans ta noble poitrine, venait ranimer le courage des exilés ; qu'en 1832, le premier tu as ouvert les bras pour recueillir les infortunés, pour leur prodiguer des conseils, des consolations ; qu'en 1846, en 1848, tu t'associas à leurs espérances, tu essuyais leurs larmes après leurs désastres ; que moitié de tes longues veillées était destinée pour tes amis de la Vistule. Il se rappellera toujours, que dix jours avant ta mort, tu présidais encore à une fête commémorative de la révolution polonaise.

Cher Lambry, en mon nom, au nom de nos camarades communs, au nom de l'émigration, au nom de ma chère patrie, enchaînée mais non désespérante, reçois le dernier merci, reçois le dernier adieu !

Discours du Citoyen RONFORT, ouvrier typographe.

———

O TROP MALHEUREUX LAMBRY !

Ce sont les ouvriers, tes fils adoptifs, qui viennent répandre des larmes sur ta tombe et t'exprimer les regrets amers qu'ils éprouvent en se séparant de toi à jamais.

La vie de ce grand citoyen fut remplie par un dévouement sans bornes au soulagement et à l'amélioration sociale des travailleurs. Exempt d'ambition, il resta inaccessible à toutes les séductions dont il a pu être l'objet dans ces derniers temps ; ses principes sont restés purs et inébranlables. Préférant une vie simple et modeste aux grandeurs de ce monde, il savait se contenter de peu ; il faisait le bien sans ostentation ; son plus grand bonheur était de tendre une main généreuse aux infortunés. Il aidait les uns de ses conseils, il procurait aux autres des emplois qui pussent les faire vivre, et le pauvre ne frappait jamais en vain à sa porte. Combien de fois ne l'avons-nous pas entendu regretter de ne pouvoir faire plus pour aider ses frères malheureux !

Ce sont là les qualités qui font reconnaître le vrai républicain.

Puisse l'exemple de la vie de ce vertueux et digne

citoyen nous servir à tous de ligne de conduite dans l'avenir, et que l'égoïsme qui fait aujourd'hui le malheur du genre humain soit à jamais extirpé de nos cœurs !

Je ne finirai pas sans vous dire que cet homme, dont nous déplorons tous la perte, a terminé sa vie par un acte de bienfaisance : une heure avant, on lui présenta une liste de souscription pour venir en aide à une pauvre famille dont le soutien a peut-être cessé de vivre maintenant ; il s'empressa de répondre à cet appel en ouvrant pour la dernière fois sa bourse aux affligés.

Nous espérons que sa malheureuse famille ne sera pas non plus abandonnée.... Il était pauvre aussi ! !

Toujours nous nous ressentirons de cette perte incalculable, et les paroles ne peuvent pas exprimer tout ce que nous éprouvons de pénible et de douloureux à la pensée de nous séparer de lui pour toujours.

Adieu donc, citoyen Lambry, vétéran de la démocratie ; adieu martyr, tu ne cesseras jamais de vivre dans nos cœurs ; adieu !

Discours du Citoyen TOUCHET, ouvrier charron.

Citoyens ,

Nous venons nous acquitter d'un pénible devoir en accompagnant notre ami Lambry à sa dernière demeure ; mais nous avons la conviction que son âme aura le repos que lui a mérité son existence. Toute sa vie il a gémi à la vue des souffrances de l'humanité; depuis longtemps il avait compris et protesté contre l'inique organisation sociale qui autorise, qui encourage le fort à opprimer le faible.

Voyant sa persévérance, les satellites de la tyrannie se sont ligués contre lui ; n'osant hasarder un acte arbitraire trop éclatant contre sa personne, ils en préparaient la voie par leurs noires calomnies, ils n'ont respecté en lui, ni le père de famille, ni cinquante ans d'une vie probe et laborieuse.

Sa conscience lui disait que l'honnête homme devait être à l'abri de leurs coups. Sa belle âme ne lui avait point permis de connaître plus tôt les armes empoisonnées dont se servent les ennemis des humains : en les voyant, il a désespéré, il n'a pu survivre à ses rêves d'amour et de charité.

Notre ami ne s'est point encore entièrement soustrait à leur implacable haine, car les justes sont poursuivis même au-delà de la tombe.

Entre autres calomnies , ils l'accuseront de sa mort !

Ignorent-ils que c'est leur ouvrage ; ignorent-ils que pour lui c'est le résultat direct, c'est l'effet du poison qu'ils ont versé sur sa sécurité et sur sa réputation ; et que pour les autres victimes qui, par d'autres peines, sont conduits au même supplice, c'est l'inévitable effet de l'organisation sociale !

Ceux qui se disent chrétiens, ont-ils oublié cette parole de Jésus notre Seigneur : « Hors de l'église il n'y a point de salut? » S'ils étaient pénétrés de cette sainte pensée ils comprendraient que, hors de l'église, c'est l'égoïsme, c'est l'antagonisme, c'est la guerre entre frères ; dans cet état de choses, pas une joie qui ne cause des pleurs, pas une réussite, pas une prospérité pour les uns sans désespoir pour les autres. Les humains hors de l'église, c'est un navire hors du port, battu par la tempête, sans sécurité et presque sans espoir pour personne ! quelques-uns seulement se sauvent du naufrage en passant sur les cadavres de leurs frères.

Quand le désespoir a commis un suicide, c'est la société qui est coupable d'assassinat ! !...

Frère, nos regrets pour toi prouvent que nous sommes pénétrés de cette pensée : en perdant un ami aussi cher, notre dévouement prend un nouvel essor pour combattre le règne du mal et y substituer le règne de Dieu, pour prouver à ceux qui se disent chrétiens qu'ils ne doivent point refuser la sépulture à leurs victimes.

Citoyens travailleurs, nous avons perdu un ami, un père ; la démocratie a perdu un de ses plus dévoués disciples, mais sa mort en créera vingt dont sa mémoire animera le courage. C'est ainsi que depuis dix-huit siècles, malgré les persécutions, les vérités émanées de l'homme-Dieu ont pénétré jusqu'à nous, augmentant constamment le nombre de ses défenseurs pour en assurer le triomphe.

Adieu.

Discours du Citoyen HALET, relieur.

Citoyens,

Avant de nous séparer, permettez-moi, au nom des jeunes amis du digne Lambry, de lui faire notre dernier adieu.

Souvent il venait s'épancher au milieu de nous, et avec son langage du cœur, — le seul qu'il ait jamais pu parler, — il nous faisait quelquefois partager ses craintes, en voyant le ciel si sombre, si menaçant, qui pèse sur notre atmosphère politique ; mais bientôt sa grande âme avait raison de ses puérils effrois ; en passant en revue tous les martyrs de la religion démocratique, il s'écriait : Non, tant de sacrifices, de dévouement et d'abnégation ne seront pas perdus.

La république de Février ne périra pas.

Hé bien, citoyens, devant cette fosse béante qui

va bientôt se refermer sur les restes du plus vaillant soldat de la démocratie messine, jurons, dans ce moment suprême, de nous lever tous si une main assez téméraire portait atteinte à nos droits conquis par nos frères de Paris, et de mourir plutôt que de voir immoler notre chère république.

C'est le seul adieu que nous puissions te faire, Lambry, assurés d'avance qu'il convient à ton noble cœur.

Discours du Citoyen VITEL.

CITOYENS,

En présence du corps froid et inanimé de notre brave et digne camarade Lambry, nos cœurs ne peuvent se séparer de cet homme de bien sans proclamer les riches vertus politiques de ce soldat de la démocratie.....

Républicain sincère, il vit avec bonheur luire le soleil du 24 février qui éclaira si triomphalement la victoire du peuple; il salua avec un enthousiasme cordial cette république naissante qu'il voulut toujours soutenir de toutes ses forces contre les factions ennemies.....

Saus cesse sur la brêche, avec sa conviction si

profonde et si noble, il s'attacha constamment à défendre vigoureusement nos droits nouvellement conquis, et son noble et généreux cœur, tout en combattant pour la sainte cause, prodiguait encore aux ouvriers nos frères les conseils les plus sages et les plus propres à réaliser entr'eux les avantages d'une association toute fraternelle..... Hélas, citoyens! ce défenseur si valeureux des droits du pauvre devait périr victime de son noble dévouement, car pour récompense de tant de patriotiques travaux, de tant de pur désintéressement, il se vit, lui, — dont la vie entière est à citer comme exemple de probité et d'honneur, — il se vit, dis-je, attaqué de tous côtés par une arme infernale qui tue..... *la calomnie!*

Citoyens, inclinons-nous devant cette tombe creusée pour un martyr républicain. Pleurons cette perte à toujours regrettable et jurons de ne jamais abandonner l'étendart sous lequel notre brave frère Lambry aimait à combattre..... Que la providence nous aide et nous donne la force de résister à toutes les persécutions jusqu'au jour où enfin notre sainte cause sortira triomphante.

Adieu noble et généreux cœur !

Adieu Lambry !

Adieu notre frère !

Et vous tous, travailleurs, pleurez aussi, car vous avez perdu votre meilleur père et votre plus dévoué défenseur.

Brave Lambry. encore une fois adieu !

Discours du Citoyen **POMPEY**, négociant.

Citoyens ,

La tombe va dévorer encore un des plus nobles citoyens que la cité ait compté dans son sein. Jeté avec Lambry au milieu des luttes ardentes de la politique , qu'il me soit permis de venir ici dire adieu à sa dépouille , qu'il me soit permis aussi de dire à tous combien est grande et douloureuse la perte que nous avons faite.

Aussi grand que généreux, aussi simple que grand, son bras et sa bourse étaient toujours au service de qui implorait l'un ou l'autre. Son esprit net et droit ne comprenait pas qu'il put y avoir dans une société organisée, des parias et des élus ; là, est le secret qu'il emporte avec lui.

Il avait salué avec bonheur la révolution de février, par ce qu'il croyait enfin que le règne du peuple était arrivé ; il croyait à l'émancipation des prolétaires ; quand il a reconnu son erreur, il a dit : Il faut partir, que font les cœurs loyaux en ce monde ? Sanglant anathême jeté sur l'égoïsme du siècle !

La mort de Lambry est une protestation contre nos discordes civiles ; qui font, que chaque français, au lieu de voir un frère dans celui qui vit côte à côte avec lui, ne voit qu'un rouge ou un blanc, et lui voue haine ou mépris.

Malédictions sur nos discordes intestines , qui amènent de si sanglants résultats !

Adieu , Lambry , ta grande âme s'est révoltée contre les misérables comédies qui se jouent sur la terre , tu n'as pu attendre le triomphe complet de la cause à laquelle tu avais voué toutes tes facultés , tu as cherché dans la tombe un refuge. contre toutes les turpitudes. Maudites soit les causes qui t'ont forcé à nous abandonner au milieu de la lutte.

Que cette mort soit un immense enseignement pour nous tous qui voulons le bien de la patrie , par des moyens différents peut-être ; venons , sur cette tombe encore ouverte , abjurer nos inimitiés ! Jurons , sur ce martyr de la cause la plus sainte , de nous vouer tous au triomphe des principes pour lesquels il est mort. Républicains de toutes nuances , serrons nos rangs , pressons-nous fraternellement la main , en jurant amour à la patrie , et séparons-nous amis par le cœur , en disant un dernier adieu à Lambry , et souvenir immortel à sa mémoire !

9 782014 077278